EDEN-CONCERT

Direction : PORTE et VALETTE

A travers Lou Clapàs

Revue Locale de l'Année

PAR

J. PROVOST et Ch. GROS

MUSIQUE ARRANGÉE PAR FRÈCHEVILLE

Décors peints par CHEVALIER

1ᵉ Représentation le Vendredi 19 octobre 1895

20 centimes

Montpellier — Gustave Firmin et Montane.

A travers lou Clapàs

Grande Revue locale de l'Année

Chœur d'ouverture

Que le pays soit en liesse,
Car nous allons dans un instant
Pouvoir, par nos chants d'allégresse,
Acclamer le Gouvernement.

{ *ter.*

Un Montpelliérain

En chœur nous v'nons attendre,
Nous v'nons attendre,
Le ministre Viger
Viger.
Tâchons de le surprendre.
de le surprendre,
Bourgeois et ouvriers,
vriers.
Et pour le satisfaire,
le satisfaire.
Il faut, par nos vivats.
par nos vivats.
Faire en sort' de lui plaire,
sort' de lui plaire.
En avant le Clapas.
Clapas.

Pour Montpellier quell' chance,
R'cevoir une excellence.
Crions en r'merciement :
Viv' le Gouvernement.

Couplet du Compère

Chanté par M. PROVOST.

Admirez ma grosse bedaine,
Et vous comprendrez, mes enfants,
En voyant ma mine sereine,
Qu' je n' suis pas du Gouvernement.
Je n' suis pas né pour êtr' ministre,
J'ai toujours été sans façon,
Toujours content, jamais sinistre,
Marius Castagnet est mon nom.   *(bis)*

Refrain

Je viens fair' mes fredaines
En joyeux garçon,
Comme un vrai luron
Aimant l' cotillon.
Je viens fair' mes fredaines
La brigue den daine, don don,
      La brigue don daine.
      La brigue don don.

Couplets de la Montpelliéraine

Chantés par Mlle MICHELINA

1

Montpellier est un coin charmant
Qui doit te plaire assurément.   *(bis)*

Chaqu' fois qu'un' fillette
Montre un' jamb' bien faite
Sous de blancs jupons,
Ne cherch' pas, mon bon.
C'est la Mont, la Mont, la Mont, Montpelliéraine

II

Montpellier chaque jour grandit
Son p'tit domain' s'arrondit   (*bis*)
Tout le mond' travaille.
Aussi la Marmaille.
Bonheur d'la Maison,
Pousse en tout' saison,
Chez la Mont, la Mont, la Mont, Montpelliéraine.

III

Montpellier est des plus brillant.
C'est le pays des Etudiants.   (*bis*)
Les Etudiantes,
Qui sont très savantes.
Parlent nuit et jour
La langu' de l'amour,
A la Mont, la Mont, la Mont, Montpelliéraine.

IV

Montpellier, c'est un p'tit Paris,
On n'y voit que minois fleuris   (*bis*)
C'est l' jardin d' la France
Et j'ai l'Espérance.
De le voir dans l' train,
Grâce à ce refrain,
A la Mont, la Mont, la Mont, Montpelliéraine.

La complainte des Agents

Chantée par MM. STAING, CHEVALIER,
RIDOLPHE et DELPRET.

I

Écoutez l'horrible histoire,
Arrivée y a quelque temps d'ça
A la campagn' ça s' passa.
Des voleurs, l' fait est notoire,
S'introduisir'nt chez Ferté,
Afin de le dévaliser.

II

Jugez la situation grave,
Le portier, gardien vigilant,
S'armant d'un fusil brav'ment,
Devant eux s'élance en brave.
Mais v'la que la frouss' le prend
Alors il décamp' subit'ment.

III

Mais par bonheur la police
Avait par hasard vraiment
De c' côté quelques agents,
Qui s'mir'nt à fair' leur office.
Mais, quand ils vir'nt les flingots,
Ils foutér'nt le camp illico.

IV

La Moral' de cette affaire
C'est que l'on aura beau vraiment
Augmenter l' nombr' des agents,
Et d' bien d'autres fonctionnaires :
On nous chauff' nos monacos,
C'est toujours kif kif bourico.

Couplets de la Cigarette

Chantés par Mme DERMONT.

I

Partout, hiver comme été,
La lèvre je parfume
Sitôt que je fume,
Avec volupté.
Mes adorateurs
Me trouvent parfaite :
A la main j' suis faite.
Pour les vrais fumeurs
Doucement j'leur communique
Mon feu ;
Car c' n'est grâce à ma mimique
'Qu'un jeu.
Allume, allume, gros Céladon
Si t'as d' la bonne braise
Ça n' train'ra pas.
Allume, allume, gros polisson
Tu seras à l'aise
Quand ça flamb'ra.

II

On me fum' discrètement
Même sans bout d'ambre
Surtout dans un' chambre,
Régal' de gourmand.
Mais l' vrai divertissement,
C'est qu' la femme charmée
   Aval' la fumée
   Sans inconvénient.
Allons, sors ton allumette,
   Mon vieux,
Car il est temps que tu mettes
   Le feu.
      (Au refrain)

Couplets du Groupe Injalbert

Chantés par Mmes LAFAILLE, GEORGES,
MM. STAING et CHEVALIER

I

Peuple de France et de Navarre,
Tremblez à cette histoire-là,
Cela fit un fier tintamarre.
Aïe, aïe ma mère, aïe, aïe papa !
Quand on découvrit l' fameux groupe,
Tout le monde en chœur s'extasia ;
Chacun admirait notre croupe.
Aïe, aïe ma mère, aïe, aïe papa !

II

Y en avait qui s' roulaient sur place
Et d'autres qui restaient baba ;
D'autres, enfin, f'saient la grimace
Aïe, aïe ma mère ! aïe, aïe papa !
Les avis étaient, je l' confesse,
Fort partagés sur ce group' là :
Pourtant tous reluquaient nos f...ormes
Aïe, aïe ma mère ! aïe, aïe papa !

III

L' sujet qui intriguait la foule
C'est celui d' droit', cré nom d' la !
Dans l' public on sentait la houle
Aïe, aïe ma mère ! aïe, aïe papa !
Pour sûr, disait un contribuable,
Ils n' s'ennuient pas, ces gaillards-là !
Leur posture est vraiment r'marquable !
Aïe, aïe ma mère ! aïe, aïe papa !

IV

Mais c' qui est encor' plus cocasse,
Eu. poignée d' brav's gens protesta
Voulant fair' changer l' group' de place
Aïe, aïe ma mère ! aïe, aïe papa !
Maintenant, partout on en cause
C' qui fait qu', grâce à cett' réclam' là,
Tout l' monde vient admirer la chose
Aïe, aïe ma mère ! aïe, aïe papa !

Couplets des Pouss-pouss Lyonnais

Chantés par MM. ALEXANDRE et DELPRET

I

C'est nous qui somm's les petits pouss-pouss Lyonnais.
Grâc' à nos p'tits minois, à nos jolis mollets,
Nous soulevons les masses en traversant l' pays,
Et par nos succès f'sons l' désespoir des maris.
          Grâce à notr' pouss-pouss-pouss,
          Nous f'sons notr' pouss-pouss-pouss.
Bourgeoises et cocottes en lorgnant notr' pouss-pouss
          Nous faisaient pouss-pouss,
          Mon petit pouss-pouss ;
Nous avons un béguin pour votre petit pouss-pouss.

I

En partant de Lyon,   .mme pour notre pari,
Nous devions voyager sans dépenser un radis.
En cachette la nuit nous tenions garnison
Chez d' bons bourgeois qui nous recevaient dans leur
          Dans plus d'un pouss-pouss pouss,   [maison]
          Nous r'misam's notr' pouss-pouss,
Plus d'une belle, à l'oreille, nous souffla pouss-pouss,
          Plus d'un mari pouss-pouss
          Sur l' front ayant pouss-pouss,
Sera doté d'un p'tit salé tétant son pouss-pouss.

Couplet des Eclopés

Chanté par M. CHEVALIER.

Nous sortons, ça n'est pas banal.
Du ch'min d' fer d'Intérêt local,

Nous somm's les pauvres écloppés
Du train qui vient de dérailler.
Comm' de just' nous avons crié.
Réclamant une indemnité,
Nous avons été blakboulés ;
A la porte, on nous a flaaqués.
Tous nous crions comm' des fous
    Trou la itou la la itou,
Puis nous nous fim's une raison
    Et zon, zon, zon,
Heureux d'être' quitt's à si bon marché
    Gai, gai, gai lariradondé,
Sur cett' ligne on n' nous r'pinc'ra pas
    La ri fla fla fla.

Couplet du tram électrique

Chanté par M. RIDOLPHE.

Depuis quéqu' temps on a proj'té
De fair' des tramways électriques,
    Et la Municipalité
A passe l'acte. c'est authentique.
Mais, voyez si c'est du guignon,
Maint'nant qu' la chose est décidée,
On laiss' le plan dans les cartons
Comme une vieill'rie démodée.
    On a bien voté
Le tramway, mais v'la qu'on nous plaque
    Vous l' verrez à Pâques.
    Ou à la Trinité.

Couplets des 3 grâces et du Conseiller

Chantés par Mmes GEORGETTE, LAFAILLE, ANTONINE et M. ALEXANDRE

Depuis, hélas ! bientôt un an,
    Plac' Comédie,
Nous somm's emprisonnées vraiment,
    Quell' triste vie.
Nos édil's, que le diable emporte
    Pour c't' idée-là,
Voulur'nt que plus loin l'on transporte
    Nos charm's, oui-da.
    Ah ! ah ! ah ! ah !
Faudra pourtant qu'ça prenne un'fin,
    Ah ! ah ! ah ! ah !
Qu'on termine, enfin, notr' bassin.
    Ah ! ah ! ah ! ah !
A forc' de j'ter, dans notr' jardin.
    Ah ! ah ! ah ! ah !
Des pierr's, notr' bassin sera plein,
    Ah ! qu' c'est triste !

II

Pourquoi tant vous mettre en courroux ?
    Calmez, de grâce,
Votre colèr', mes chers bijoux,
    Superbes grâces ;
D'chez vous l'eau coulait comm' d'un' source
    Par tous les bouts ;
J'allut, comm' suprême ressource,
    Boucher vo-trous,
    Ah ! ah ! ah ! ah !

Maint'nant qu' l'on vous a cimenté',
Ah ! ah ! ah ! ah !
On va d' suit' vous débarrasser
Ah ! ah ! ah ! ah !
Vous pourrez donc, en liberté,
Ah ! ah ! ah ! ah !
Fair'voir, à tous, votr' nudité.
Ah ! qu' c'est triste !

Couplets de la Bouquetière

Chantés par Mlle SUZY.

I

Je suis d'une grande famille,
D'un riche quartier :
Je suis une joyeuse fille
De la cité Pasquier.
Comm' mes grand's sœurs, comm' mes p'tits frères,
J' march' pas pour la peau !
En attendant que j' puiss' me faire,
J' vends des fleurs, mon gros.
Quand je s'rai grand', je te le jure,
J'irai dans les quartiers rupins,
Sur les trottoirs, fair' des chopins :
Mais, pendant que je suis encore pure,
Prends ma p'tit' ros' dans sa verdure.

II

Quoi donc que t'a fai c'te gonzesse ?
'Spèc' de têt' de veau.
M'sieu veill' sur les mœurs d'la jeunesse,
C'est rien rigolo.

T'as d' la vein' que je n' sois qu'un gosse,
    Mon vieux gigolo,
Non, j'te verrais pas à la noce
    Si que j' s'rais un dos.
Ça s'ra plus tôt qu' tu te l' figures,
Et quand ma gigolette à moi
Rencontrera des pant's comm' toi
Pour la m'nacer d' la préfecture,
J'y flanqu'rai un pain sur la hure.

Couplets Languedociens

I

Sarnipapeta, ounte as restat ?
I'a tres ouras que siès partida !
Dech ouras an dejà picat.
D'ounte vènes, conquina, ardida ?...
Tus me dises, embé toun plan.
Que vènes de la passejada.
En se passejant, Diou vivant !
On a pas la rauba enfangada.

II

Se despioi aviès caminat,
Seriès de retour de Beùcaire.
As un iol viou ! l'autre fumat...
Couma, tron ! acò se pot faire ?
Pèr respondre, as encara un briou ;
Me tires pas una carota !
En se passejant, Diou de Diou !
On salis pas sa matelota.

III

As un pendel mitat gimblat.
Quan t'a fach aquela sarrada ?
Toun mantau es tout peltirat,
Ta frimoussa mai que macada ;
De ta trèssa as coupat lou fioù ;
Lou pèu te voula sus ta nuqua.
En se passejant, santa-fioù !
On embrouilla pas sa perruqua.

Couplets de Cyprien et de la Catalane

Chantés par M. CHEVALIER et Mlle LAFAILLE

I

LUI

C'est moi qu'on nomme Cyprien.
Dans Montpellier on m'connait bien.
J'étais l'amant, cré nom d'un chien !
            D' la bell' Suzanne.

ELLE

Notre vie fit un brav' pétard,
Et c'est pourquoi, Monsieur d' Ricard,
Fit un dram' tout à fait chouettard :
            La Catalane.

II

LUI

D'abord, on s'aima tendrement,
Mais comme on n'avait pas d'argent,
Fallut qu'elle revit ses amants,
            Ma bell' Suzanne.

ELLE

Comme il ne mangeait pas de c' pain-là.
Il se désolait l' pauvre gas,
Car il était jaloux, l' bêta,
     De sa Catalane.

III

LUI

Mais comme à tout il faut un' fin :
Qu'ell' s'épanchait dans d'autres seins,
Je résolus d' mourir non loin
     D' ma belle Suzanne.

ELLE

Mais d'vinant son triste projet,
Avec lui, bien fort, j' m'enlaçai.
Puis avec lui dans l'eau se j'tait :
     La Catalane.

Le Monome des Etudiants

Chanté par toute la Troupe

LES ÉTUDIANTS

Nous sommes de joyeux enfants,
Aimant l'amour et le bon temps,
Nous poursuivons les belles filles,
En avant ! en avant ! les drilles.

LES ÉTUDIANTES

Nous avons le corps fait au tour,
Nous sommes faites par l'amour,
La gaîté dans nos yeux pétille,
Et nous sommes de bonnes filles.

Refrain

Sans s'occuper du lendemain,
Nous avons le cœur sur la main.
Comme à Mabille,
Une bell' fille,
Fera de l'œil en passant
Au joyeux étudiant,
Mais aux bell's filles,
Qui tirent l'aiguille,
Faut pas leur parler d'amant,
Quand ell's aiment leur maman,
Leur petit' *(bis)* maman.

LES ÉTUDIANTS

Nous secourons les malheureux,
Nous donnons des fêtes pour eux.
On ne voit que de joyeux drilles,
Danser avec de jolies filles

LES ÉTUDIANTES

On aime tant l'humanité
Qu'on fait l'amour par charité.
Tout le temps nous montrons nos ch'villes
Car nous somm's tout's de bonnes filles.

(Au Refrain)

Final

Chanté par Mlle MICHELINA et toute la troupe

Chantons, amis, chantons gaiment
En avant !
Lestement !

En l'honneur de ces fils de France,
Saluons nos petits soldats,
Chantons, amis, chantons gaîment
En avant !
Lestement !
Chantons le refrain d'espérance,
Nos soldats, les voilà.

Là-bas dans ce pays lointain
Pays lointain
Nos soldats que n'arrête rien
N'arrête rien.
Ont planté avec vaillance,
Notre glorieux Drapeau
Le Drapeau de la France,
Notre beau Drapeau.
Espérons que c' nouveau succès,
C' nouveau succès,

Ne s'ra pas l' dernier des Français.
Des p'tits Français.
Et qu' sur cett' march' lorraine.
Ils plant'ront. c'est certain,
Notr' Drapeau dans la plaine,
Du pays Lorrain.
Reprise du Chœur.

RIDEAU.

MONTPELLIER. — IMPRIMERIE GUSTAVE FIRMIN ET MONTANE.